网约车司机安全指南

人民交通出版社股份有限公司
China Communications Press Co.,Ltd.

内 容 提 要

本书总结了网约车司机在日常生活、工作中需要注意的安全事项、安全常识，包括相关法律法规、安全服务规范、道路交通安全、人身安全、突发事件应急处理等。本书适合广大网约车司机朋友阅读使用。

图书在版编目（CIP）数据

网约车司机安全指南/美团打车编．— 北京：人民交通出版社股份有限公司，2019.3
ISBN 978-7-114-14547-6

Ⅰ.①网⋯ Ⅱ.①美⋯ Ⅲ.①出租汽车－汽车驾驶员－行车安全－指南 Ⅳ.① U469.12-62

中国版本图书馆 CIP 数据核字 (2019) 第 027183 号

Wangyueche Siji Anquan Zhinan
书　　名	网约车司机安全指南
著　作　者	美团打车
责任编辑	刘 洋　李 佳
责任校对	张　贺
责任印制	张　凯
出版发行	人民交通出版社股份有限公司
地　　址	(100011) 北京市朝阳区安定门外外馆斜街 3 号
网　　址	http://www.ccpress.com.cn
销售电话	(010)59757973
总　经　销	人民交通出版社股份有限公司发行部
经　　销	各地新华书店
印　　刷	中国电影出版社印刷厂
开　　本	880×1230　1/64
印　　张	1.625
字　　数	28 千
版　　次	2019 年 3 月　第 1 版
印　　次	2019 年 3 月　第 1 次印刷
书　　号	ISBN 978-7- 114-14547-6
定　　价	16.00 元

（有印刷、装订质量问题的图书由本公司负责调换）

编委会

主　任：高　燕　任　奎

主　编：杨琳煜　陈　琛

编　委：王盼盼　史月阳　刘庆伟　程　飞　孟博韬

　　　　李　浩　佟　彬　余　海　张　瑜　余　智

顾　问：钟永健　苏小泉　连季春　熊　悦　王久振

　　　　郭姗姗　邱　晨　Arno　王洁如　张立君

　　　　施志军　张国文

亲爱的网约车司机朋友：

向您道一声：辛苦啦。您日夜忙碌，迎送八方乘客，为方便群众出行尽心尽力地提供服务。

这本手册是美团打车为了提高网约车的运营安全、服务质量而特意编写的，凝聚了作者的心血和期望。当您静下心来阅读这本手册，会发现有很多意想不到的收获，一些知识甚至会引领您转变自己的驾驶理念。

这本手册将您日常运营过程中容易忽视的一些知识，通过图文并茂、生动活泼的形式呈现出来，看起来浅显易懂，但非常实用。希望您能把这本手册常备于车中，闲暇之时经常翻开看看，熟记手册里的知识，安全文明驾驶，规范服务乘客。

亲爱的网约车司机朋友，珍爱生命、平安出行永远是我们共同的追求。谨请您握好手中的方向盘，守护自己和乘客一路平安。

交通运输部职业技能考评专家委员会委员
原中国道路运输协会驾驶工作委员会主任委员

目录

一、法律法规我知道 — 01
- 网约车司机的从业要求 — 02
- 驾驶机动车的要求 — 04
- 机动车通行规定 — 07
- 司机应负的法律责任 — 13

二、规范服务我当先 — 23
- 运营服务 — 24
- 安全文明服务规范 — 29
- 禁止行为 — 31

三、安全运营我先行 — 35
- 司机生理与心理健康 — 36
- 安全行车要求 — 38

四、应急处置我在行 — 61
- 常见紧急情况处置 — 62
- 事故现场处理与救护 — 73
- 治安防范与应急处置 — 85

One
法律法规我知道

网约车司机安全指南

网约车司机的从业要求

1 从业资格考试

到当地交通主管部门考试，取得网约车从业资格证。

One · 法律法规我知道

2 办理车辆运营证

取得从业资格证后,在行政主管部门办理车辆运营证。

网约车司机安全指南

驾驶机动车的要求

1 网约车运营前要进行登记

国家对机动车实行登记制度,网约车辆经公安交管部门登记后,方可上道路行驶。准予登记的机动车必须符合国家安全技术标准。

One · 法律法规我知道

2 机动车上路行驶牌证要齐全

驾驶网约车辆上道路行驶,要悬挂机动车号牌,放置检验合格标志、保险标志,随车携带机动车行驶证。

3 使用机动车不得有违法行为

1 不得拼装机动车或者擅自改变机动车已登记的结构或者特征。

2 不得改变机动车型号、发动机号、车架号或者车辆识别代号。

3 不得伪造、变造或者使用伪造、变造的机动车登记证书、号牌、行驶证、检验合格标志、保险标志。

4 不得使用其他机动车的登记证书、号牌、行驶证、检验合格标志、保险标志。

One · 法律法规我知道

机动车通行规定

1 遵守速度规定，保持安全车速。

上道路行驶，不得超过限速标志标明的最高时速。在没有限速标志的路段，应当保持安全车速。

2 保持安全车距，禁止违法超车。

同车道跟随前车行驶，要与前车保持足以采取紧急制动措施的安全距离，不得在禁止超车的路段超越前车。

❸ 遵守交通信号,安全通过路口。

通过交叉路口,要遵守交通信号,服从交警指挥,按照规定通行,一定要注意避让行人、非机动车和优先通行的车辆。

❹ 缓慢路段行驶,不得穿插抢行。

遇到前方车辆停车排队等候或者缓慢行驶时,一定要依次交替通行,不得借道超车或者占用对面车道,不得穿插抢行。

One · 法律法规我知道

5 通过铁路道口，按照指挥通行。

通过铁路道口，一定要按照交通信号或者管理人员的指挥通行；没有交通信号或者管理人员的，要减速或者停车瞭望，在确认安全后通过。

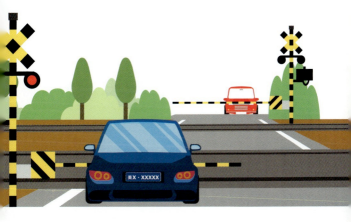

❻ 行经人行横道,注意避让行人。

行经人行横道时,要减速行驶;遇行人通过人行横道,要及时停车让行。在没有交通信号控制的道口遇行人横过道路,也必须避让。

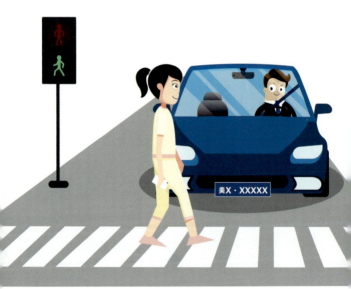

One · 法律法规我知道

❼ 停车排除故障,正确设置信号。

车辆出现故障停车排除时,应立即开启危险报警闪光灯,并将车移至不妨碍交通的地方停放;车辆难以移动时,应持续开启危险报警闪光灯,并在来车方向按规定设置警告标志,必要时迅速报警。

❽ 遇到特种车辆,注意及时避让。

行驶中遇到执行紧急任务的警车、消防车、救护车、工程救险车时,要及时减速,迅速让行。

❾ 路边临时停车,不得妨碍交通。

车辆要在停车泊位停放,禁止在人行道上停放;在道路上临时停车的,不得妨碍其他车辆和行人通行。

司机应负的法律责任

司机违反法律规定,就会承担法律责任,依据情节轻重,会受到扣分、罚款、拘留,甚至依法追究刑事责任的处罚。

❶ 违反通行规定,依法进行处罚。

驾驶网约车违反道路交通安全法律、法规关于道路通行规定的,处警告或者20元以上200元以下罚款。

❷ 饮酒驾车营运,拘留罚款并处。

饮酒后驾驶网约车的,处15日拘留,并处5000元罚款,吊销机动车驾驶证,5年内不得重新考取机动车驾驶证。

❸ 醉酒驾驶车辆，依法进行处罚。

醉酒驾驶网约车的，吊销机动车驾驶证，依法追究刑事责任；10年内不得重新取得机动车驾驶证，重新取得机动车驾驶证后，不得驾驶营运机动车。

❹ 违法停放车辆，依照规定罚款。

违反法律、法规关于机动车停放、停车规定，妨碍其他车辆、行人通行的，处20元以上200元以下罚款。

One · 法律法规我知道

5 使用牌证违法，依照规定处罚。

上道路行驶的网约车未悬挂或故意遮挡、污损号牌的记 12 分。未随车携带行驶证、驾驶证的，扣留机动车，并处警告或者 20 元以上 200 元以下罚款。

❻ 使用造假牌证，追究刑事责任。

网约车使用伪造、变造机动车登记证书、号牌、行驶证、驾驶证的，收缴牌证，扣留机动车，处 15 日以下拘留，并处 2000 元以上 5000 元以下罚款；构成犯罪的，依法追究刑事责任。

One · 法律法规我知道

❼ 悬挂造假标志，拘留罚款并处。

网约车使用伪造、变造的检验合格标志、保险标志的，收缴标志，扣留机动车，处 10 日以下拘留，并处 1000 元以上 3000 元以下罚款；构成犯罪的，依法追究刑事责任。

❽ 不投保交强险，补交 2 倍罚款。

网约车未按照国家规定投保机动车第三者责任强制保险的，由公安交管部门扣留车辆至依照规定投保后，并处依照规定投保最低责任限额应缴纳的保险费的 2 倍罚款。

❾ 发生事故逃逸,依法追究刑责。

违法驾驶网约车发生重大交通事故,构成犯罪的,依法追究刑事责任,吊销驾驶证。犯交通肇事罪的,处3年以下有期徒刑或者拘役。交通运输肇事后逃逸或者有其他特别恶劣情节的,处3年以上7年以下有期徒刑。因逃逸致人死亡的,处7年以上有期徒刑。

One · 法律法规我知道

❿ 无证驾驶，依法罚款。

未取得机动车驾驶证、机动车驾驶证被吊销或者机动车驾驶证被暂扣期间驾驶机动车的，处 200 元以上 2000 元以下罚款，并处 15 日以下拘留。

⓫ 驾驶证外借依法罚款。

将机动车交由未取得机动车驾驶证或者机动车驾驶证被吊销、暂扣的人驾驶的，处 200 元以上 2000 元以下罚款，可并处吊销驾驶证。

⑫ 超速驾驶，依法罚款。

机动车行驶超过规定车速50%的，处200元以上2000元以下罚款，可并处吊销驾驶证。

⑬ 违法通行，依法罚款。

违反交通管制的规定强行通行，不听劝阻的，处200元以上2000元以下罚款。

One · 法律法规我知道

14 拒不配合执法，依法追究责任。

遇公安、交通等政府执法部门执法检查时，应服从指挥、积极配合。拒不配合或以各种方式阻挠执法，均属于违法行为；如果以暴力手段抗拒执法，还涉嫌刑事犯罪，将会依法受到严惩。

15 抢劫财物，依法入刑。

以暴力、胁迫或者其他方法抢劫公、私财物的，处3年以上10年以下有期徒刑，并处罚金。

网约车司机安全指南

16 强制猥亵,依法入刑。

以暴力、胁迫或者其他方法强制猥亵他人或者侮辱妇女的,处 5 年以下有期徒刑或者拘役。

17 强奸女性,依法入刑。

以暴力、胁迫或者其他手段强奸妇女的,处 3 年以上 10 年以下有期徒刑。奸淫不满 14 周岁的幼女的,以强奸论处,从重处罚。

Two

规范服务我当先

网约车司机安全指南

运营服务

1 接单成功

司机接单成功后,应尽快赶到约车人定位地址;如因拥堵等情况不能在规定时间内赶到的,应主动与约车人联系。

Two · 规范服务我当先

2 乘客上车

引导乘客从右侧上车,主动帮助老、幼、病、残、孕等乘客上车,协助乘客将行李放进行李舱。

网约车司机安全指南

3 起步准备

乘客上车后,应确认乘客身份,确认目的地,避免接错乘客。车辆起步前,提醒乘客系好安全带,检查车门是否关严。

Two · 规范服务我当先

4 选择路线

确认目的地后,根据平台导航规划线路或依据乘客意愿选择合理路线。因交通因素需改变原行驶路线时,需征得乘客同意。

美团打车

网约车司机安全指南

5 乘客下车

乘客下车时，提醒乘客开车门时注意侧后方来车、携带好随身物品，主动协助乘客提取行李。

Two · 规范服务我当先

安全文明服务规范

1 保持良好心态，文明礼让行人。

2 注意服务形象，言行举止文明。

3 用好服务技巧,牢记服务禁忌。

4 冷静对待冲突,化解司乘矛盾。

Two · 规范服务我当先

禁止行为

1 途中甩客或者故意绕道行驶。

2 不按照规定携带道路运输证、从业资格证。

❸ 言谈举止不文明，车辆存在安全隐患。

Two · 规范服务我当先

④ 未经乘客同意搭载其他乘客。

5️⃣ 违规巡游揽客、站点候客。

6️⃣ 无正当理由未按承诺到达约定地点提供预约服务。

7️⃣ 对举报、投诉其服务质量或者对其服务作出不满意评价的乘客实施报复。

Three

安全运营我先行

司机生理与心理健康

1 生理健康

❶ 保持良好生活习惯，禁止带病出车，避免疲劳出车。

❷ 摒弃不良嗜好，避免行车安全隐患。

Three · 安全运营我先行

2 心理健康

1 克服焦虑、抑郁、烦躁等不健康的心理情绪,避免事故发生。

2 行车时遇到连续红灯、堵车的情况时,调节好精神状态,保持心态稳定。

网约车司机安全指南

安全行车要求

1 做好出车前、行车中和收车后的安全检视

要清楚地知道车辆安全检视的内容,做好车辆的日常"三检"。

1 检查车辆外观,安全部件可靠,车牌牢固,后视镜、车灯无故障等。

Three · 安全运营我先行

② 检查轮胎外表，符合规定要求。

③ 检查发动机舱，油液充足无漏。

4 检查随车工具，配备齐全有效。

5 检查驾驶室内，仪表盘、方向盘等。

Three · 安全运营我先行

6 检查灯光喇叭,确认清洁完好。

7 检查制动性能,确保制动可靠。

网约车司机安全指南

2 进行日常维护作业
减少行车事故

1 清洁作业到位，保持车容整洁。

Three · 安全运营我先行

2 检查水油气电,
及时进行补给。

3 安全检查细致,
运行安全可靠。

网约车司机安全指南

3 坚持安全第一
杜绝危险驾驶

网约车司机为乘客提供安全服务是首要的责任,安全行车是运营服务的前提和条件。

❶ 保持安全速度,严禁超速驾驶。

Three · 安全运营我先行

2 遵守法律法规，杜绝争道抢行。

❸ 控制跟车距离，避免追尾碰撞。

Three · 安全运营我先行

4 变道提前示意，避免随意变道。

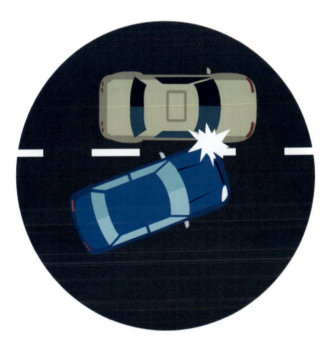

5 驾车不玩手机,不得分心驾驶。

Three · 安全运营我先行

4 坚持预防为主 提前做好预判

危险源辨识与防御性驾驶是预测危险、远离危险的驾驶方法。网约车司机要始终坚持"预防为主"的方针,提前做好危险防范。

1 提前预测危险,防范行车风险。

网约车司机要根据道路上交通信号提示,提前判断前方道路的情况,预判可能存在的危险源,适时采取对策,防范行车中的风险。

❷ 辨识危险源，避免运营事故。

网约车司机要掌握正确观察危险状况的方法，不停地环顾周围的交通情况，提前发现行车过程中可能存在的险情，及时采取措施，避免发生营运事故。

❸ 做好预防措施，保证行车安全。

网约车司机在行车过程中，要全面地观察驾驶环境，从视觉、听觉获得的信息来认知和预测可能发生意外的情境，做好应急准备，保证行车的安全。

Three · 安全运营我先行

④ 采取防御驾驶,远离事故威胁。

网约车司机在行车过程中,要随时针对异常的迹象做出预先估计,一旦危险出现,能够有所准备,缩短反应时间,顺利避开危险,避免发生交通事故。

5 文明礼让行车
确保安全运营

文明礼让行车是网约车司机的最高境界,是良好道德品质和服务意识的具体体现。在车辆行驶过程中要依法依规行驶、不争不抢,坚持做到"礼让三先",即先让、先慢、先停。在行车中,要注重文明礼让,保持良好的心理状态,"宁可有理让无理,不可无理对无理"。

Three · 安全运营我先行

● 安全驾驶"十不开"

时间紧急—不开急躁车

道路不熟—不开冒险车

路况优良—不开麻痹车

态度恶劣—不开赌气车

连续工作—不开松劲车

无人检查—不开自由车

车况不良—不开"带病车"

心情不好—不开情绪车

受到鼓励—不开"英雄车"

车辆交会—不开霸王车

网约车司机安全指南

6 天气道路复杂
谨慎面对险情

网约车司机在恶劣气象条件下运营，面对复杂的交通情况和随时出现的险情，需要谨慎驾驶，妥善应对各种险情。

1 雨天路况复杂，保持视线清晰。

Three · 安全运营我先行

2 冰雪路面溜滑,制动距离延长。

注意减速慢行,有条件的可以安装防滑链。

❸ 雾天能见度低,及时开启雾灯。

❹ 车辆行驶中遇到横风干扰时,司机要紧握方向盘,保持方向,并缓慢降低车速,减小横风的影响。

Three · 安全运营我先行

5 高速公路视野单一,避免疲劳驾驶。

❻ 山区坡多弯急，转向提前鸣笛。

7 乡村路况复杂,减速慢行通过。

8 夜间视线不良,正确使用灯光。

网约车司机在夜间行车时,要正确使用灯光,避免滥用远光灯。

应急处置我在行

美团打车　　　网约车司机安全指南

常见紧急情况处置

网约车司机在道路上面对千变万化的交通状况，必须具备处理常见突发交通情况的应变能力，遇到危险或紧急情况时，才能采取有效的应急处置措施。

1 爆胎的应急处置方法

❶ 握稳方向盘，控制行驶方向。

意识到前轮胎爆裂时，要保持镇定，松抬油门，双手紧握方向盘，避免急打方向盘，尽量保持车辆向前直线行驶。

Four · 应急处置我在行

2 抢挂低速挡，轻踏刹车。

控制方向后，迅速采用抢挂低速挡、轻踏刹车的方式，利用发动机制动缓慢减速，尽快平稳停车。

❸ 避免紧急制动，防止车辆横甩。

在发动机制动作用尚未控制住车速时，不可采取紧急制动停车，以免车辆横甩发生更大的危险。

Four · 应急处置我在行

2 雨天行车发生"水滑"应急处置

1 握稳方向盘,保持冷静清醒。

雨天行车中发生"水滑"现象时,要保持头脑清醒,冷静对待,握稳方向盘,控制车辆保持直线行驶。

❷ 不紧急制动，不猛打方向盘。

发生"水滑"现象时，要逐渐降低车速，不要急踩刹车或猛打方向盘。可以轻微纠正方向，点踩刹车。

3 意外撞护栏，不要打错方向。

意外碰撞护栏时，应采取的保护措施是稳住方向盘，适当修正方向。

车辆意外着火应急处置

1 驶离危险处,及时报警救援。

车辆行驶过程中发生车辆着火时,要设法将车辆停在远离人群、建筑物、树木、车辆及易燃物的空旷地带,及时拨打 119、122 等求助电话。

2 逃离着火区，保护生命安全。

发生车辆着火时，不要急于救火。要尽快和乘客一起远离着火车辆，不要贪恋财物。

3 使用灭火器，需尽量远离火源。

使用灭火器灭火时，人要站在上风处，尽量远离火源，灭火器瞄准火源后喷射。

4 通过积水路段应急处置

1 停车仔细观察，不要盲目涉水。

遇到积水路段，不要盲目涉水通过。看到水位超过标注（标志杆）的警戒线，不能涉水通过。在没有警戒线的积水路段，必须下车测量水的深度，确认是否能涉水通过。

Four · 应急处置我在行

2 挂低挡通过,切勿熄火滑行。

遇到积水路段,确认安全后,要提前挂低速挡,控制好油门,保持匀速涉水通过,切勿将发动机熄火或空挡滑行。

❸ 涉水熄火后,切忌在水中起动车辆。

车辆进水突然熄火时,切忌在水中再次起动车辆。应将车辆移至干燥路面,对车辆进行检查后,再起动车辆。

Four · 应急处置我在行

事故现场处理与救护

网约车司机发生交通事故,要正确处置事故现场,采取有效的防护措施,减少损失,避免发生二次事故。

1 事故现场处理

在道路上发生交通事故后,要采取正确的应急措施和处置方法,保护现场,合理处置,迅速报警。

❶ 立即停车，保护现场。

发生交通事故时，司机要迅速停车，打开危险报警闪光灯，协助乘客下车至安全区域，并在来车方向放置三角警告标志（如高速公路则在车后 150 米外放置），避免发生二次事故。

Four · 应急处置我在行

❷ 合理处置,及时报警。

如果发生的是一般交通事故(即未造成人身伤亡或仅造成轻微财产损失),当事人对事实及成因无争议且车辆可以移动的,可以自行协商达成协议,填写《道路交通事故自行协商协议书》并共同签名,尽快恢复交通。若当事人对交通事故事实及成因有争议或发生较大交通事故时,应保护好现场,然后立即报警,同时向运营平台报告事故情况。

2 高速公路事故

1. 在高速公路上行车，车辆有故障时，应尽快驶离行车道，将车停在紧急停车带或路肩内，切不可直接停在行车道内。

② 停车后，立即开启危险报警闪光灯，在来车方向 150 米以外设置警告标志，夜间还要同时打开示廓灯和尾灯。

3 车上人员应迅速转移到高速公路以外的安全地方，不可滞留在紧急停车带或右侧路肩内。

Four · 应急处置我在行

4 机动车在高速公路上发生故障或者交通事故，无法正常行驶的，应当由救援车、清障车拖拽、牵引。

3 人员紧急救护

事故现场有人受伤或突发疾病时,要对其处境和伤情进行全面检查和判断,采取合理有效的救护措施,减轻伤害、挽救生命。

Four · 应急处置我在行

1 判断伤员伤情，安全实施救护。

在事故现场发现伤员时，应先对伤员的处境和伤情进行全面检查和判断。对于意识清醒的伤员，应询问哪里疼痛和不适，初步判断受伤部位和伤情，以便选择正确的急救方法；对于意识不清醒的伤员，应保持其呼吸道开放畅通。

2 心跳呼吸骤停，采取心肺复苏。

如发现乘客突发疾病，心脏骤停，没有呼吸或者没有正常呼吸时，应立即采取心肺复苏。

Four · 应急处置我在行

❸ 伤口大量流血，先止血后包扎。

伤员伤口大量流血时，可以通过外部压力止血，如指压止血法，使伤口流血止住，然后系上绷带。伤员骨折时应将骨折部位临时固定：上肢骨折时可用夹板或树枝固定，用三角巾悬吊绑缚；下肢骨折时可加压包扎后用长夹板或木板固定。

网约车司机安全指南

❹ 移动骨折伤员,视情况正确搬运。

不要移动伤员身体的骨折部位。对疑有脊柱、骨盆骨折等不宜站立行走者,宜多人水平搬运或用担架搬运;对有下肢骨折、内脏损伤者宜用担架搬运。

Four · 应急处置我在行

治安防范与应急处置

网约车司机在运营过程中,面对形形色色的乘客和不同的地理环境,必须要保持高度警惕,防范违法犯罪活动,保护自身及乘客的人身和财产安全。

1 提高防范意识,保护司乘安全

网约车司机治安防范最有效的措施是增强自我防范意识,将安全防范工作落实到整个运营过程当中。

1 参加安全培训,自学安全知识。

网约车司机要通过参加防劫培训或者自学安全知识,掌握应急处置方法,遇到特殊情况能正确拨打110、122、120等急救电话,保护自己和乘客的生命财产安全。

Four · 应急处置我在行

2 观察乘客神态，留意包裹异常。

网约车司机在乘客上车前，注意观察乘客携带的物品，对包装严密又无特征的行李，可主动帮助提拿、安放，并询问试探，如乘客坚决拒绝帮助且神色紧张、语无伦次，则应小心预防。

❸ 夜间停车偏僻,做好应变准备。

乘客夜间选择偏僻地方停车时,可尽量选择光线较好或人较多的地方。

4 车辆出现故障,看好随身物品。

车辆出现故障后,最好停放在安全地点。需要离开车辆时,一定要锁好车门并随身带走自身财物,避免诱惑犯罪分子采用砸碎车窗玻璃的方法盗窃财物。

5 遇到乘客不适，就近紧急送医。

Four · 应急处置我在行

帮忙联系乘客亲友,联系不上的可向警方求助,向平台报备。

❻ 遇到喝酒乘客,耐心服务到位。

车上常备塑料袋,以备不时之需。

应急处置我在行

如果乘客不小心吐在车内,可与乘客耐心协商解决,切勿发生冲突,可留存证据向平台报备。

如发现乘客叫不醒,不可将乘客放置路旁,应及时报警或联络平台寻求帮助。

7 遇到"碰瓷"现象,沉着冷静应对。

保持冷静,不与当事人发生身体上的接触。

Four · 应急处置我在行

保留相关证据、迅速报警，等待警察解决，切不可同当事人私了。

2 面对违法犯罪，巧妙应对防范

遇到违法犯罪分子侵害时，应随机应变保护好乘客和自己的安全。

❶ 遇到寻衅滋事，保持冷静应对。

遇到因醉酒、冲突或敲诈、心理变态等引起的寻衅滋事时，要冷静对待、巧妙周旋，尽量缓和氛围，不能用强硬方式激化对方，避免发生正面冲突，尽量避免事态进一步恶化。

Four · 应急处置我在行

2 遇持械抢劫或敲诈勒索,巧妙周旋报警。

遭遇持械抢劫或敲诈勒索时,司机一定要保持冷静、临危不惧,注意观察周围环境和犯罪分子的言行,随机应变。也可采取一些非正常或违法驾驶举动,设法引起警察的注意。在财产与生命安全面前,首先应考虑生命安全。

 美团打车

安全
我们是认真的

希望每一个你
平安出发
平安回家

安全出行
让生活更美好